AF601948

PAPIER
FRESSERCHEN
MTM-VERLAG
DIE BÜCHER MIT DEM DRACHEN

# Impressum:

Besuchen Sie uns im Internet:
www.papierfresserchen.de


Mühlstraße 10, 88085 Langenargen
info@papierfresserchen.de


Erstauflage 2020

Lektorat: CAT creativ - www.cat-creativ.at

Illustrationen und Cover: Josi und Noah

Druck: Gedruckt in Polen / Bookpress

ISBN: 978-3-96074-350-7

# Das Urknäuel

Gottes Liebe ist so wunderbar ... bunt

Rabea Funk

illustriert von

Josi und Noah

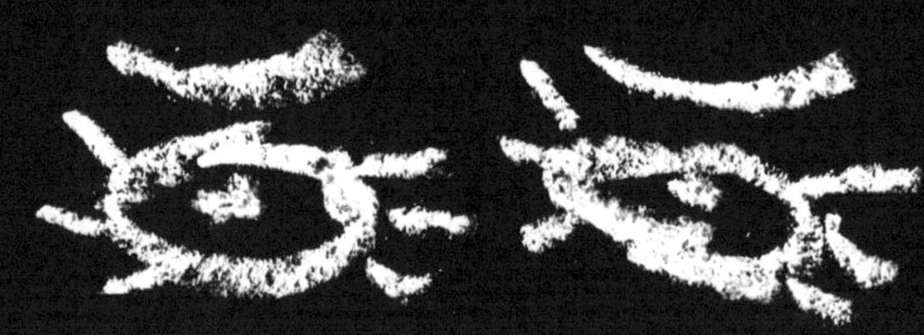

Am Anfang war Gott und er war ziemlich allein.

Und Gott machte das Urknäuel.
Es war kunterbunt, etwas durcheinander, aber wunderschön!

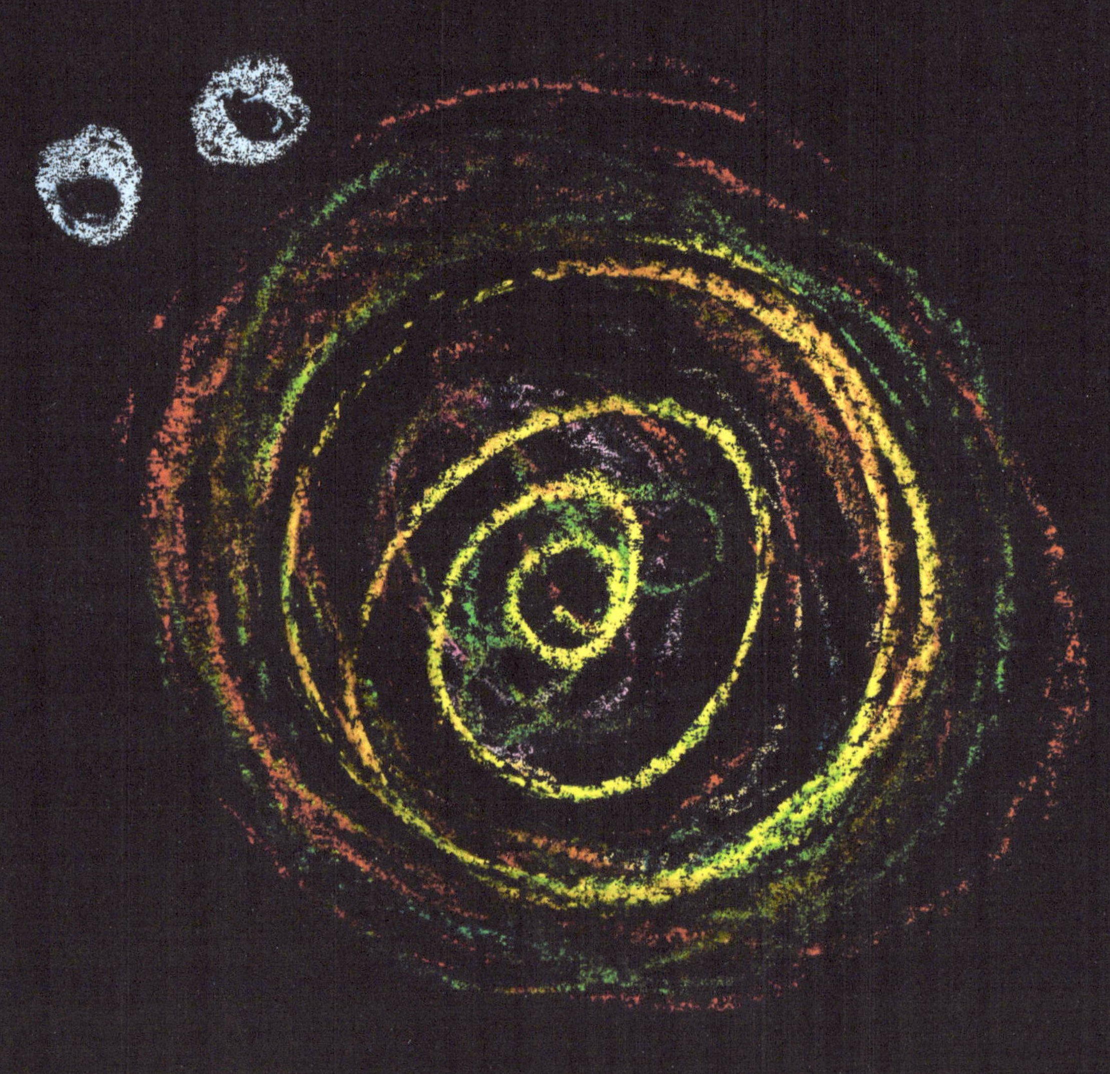

Gott schwebte über dem Urknäuel, da hatte er einen grandiosen Einfall.

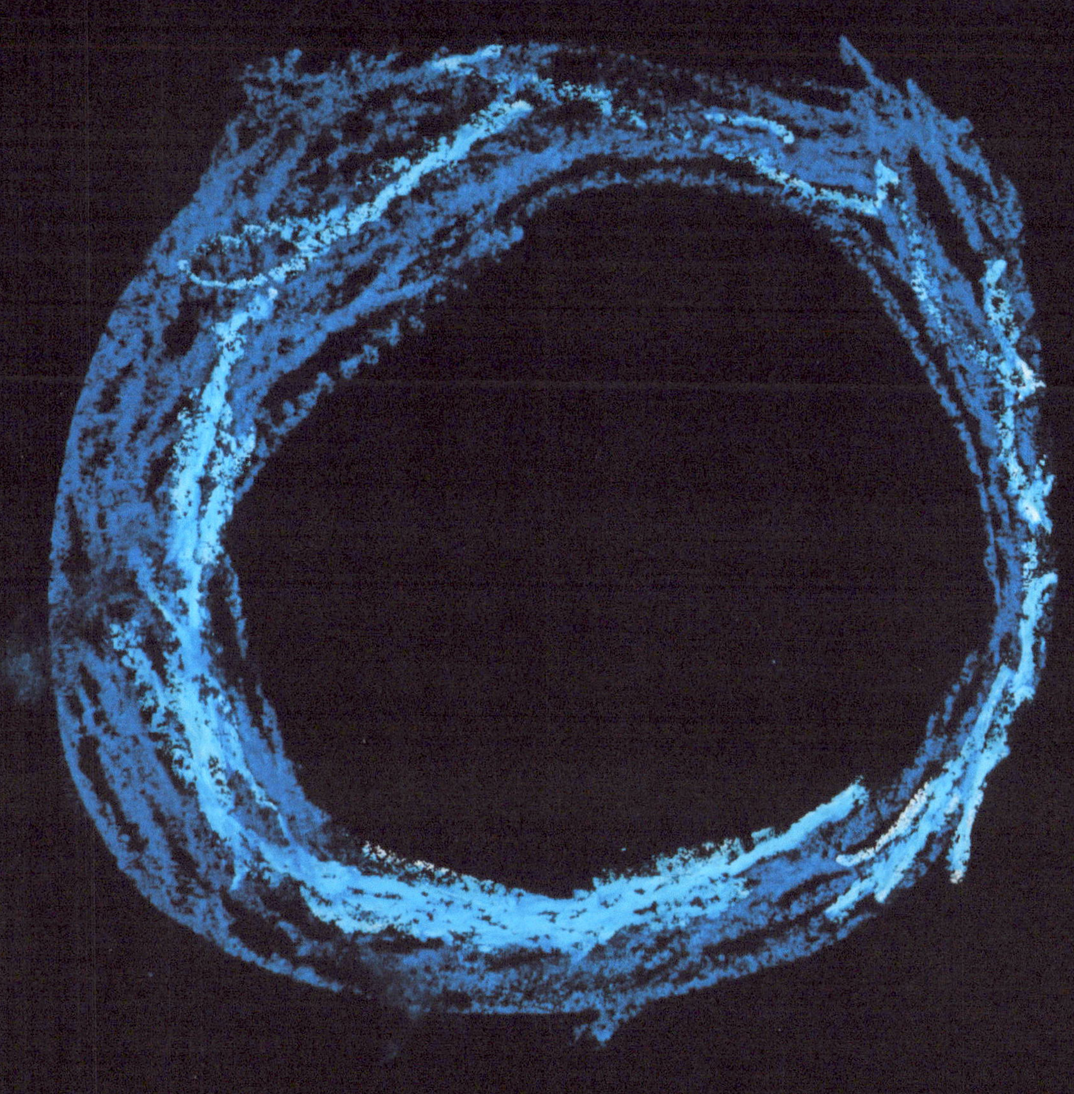

Gott formte aus dem Urknäuel einen Urkreis und nannte ihn Erde.

Und dann hatte Gott noch eine tolle Idee.
Gott machte viele kleine Kreise und setzte Urkreuze daran
– schon war die erste Blume fertig.

Das machte er noch einmal in groß und schon stand der erste Baum.

Das sah so schön aus, dass Gott die ganze Erde bepflanzte,
damit die Welt kunterbunt wurde.

Weil die Erde nicht alleine sein sollte und Gott Kreise echt richtig gut konnte,
machte er einen großen warmen gelben Kreis,
der auch mal orange oder rot leuchten kann,
und nannte ihn Sonne.

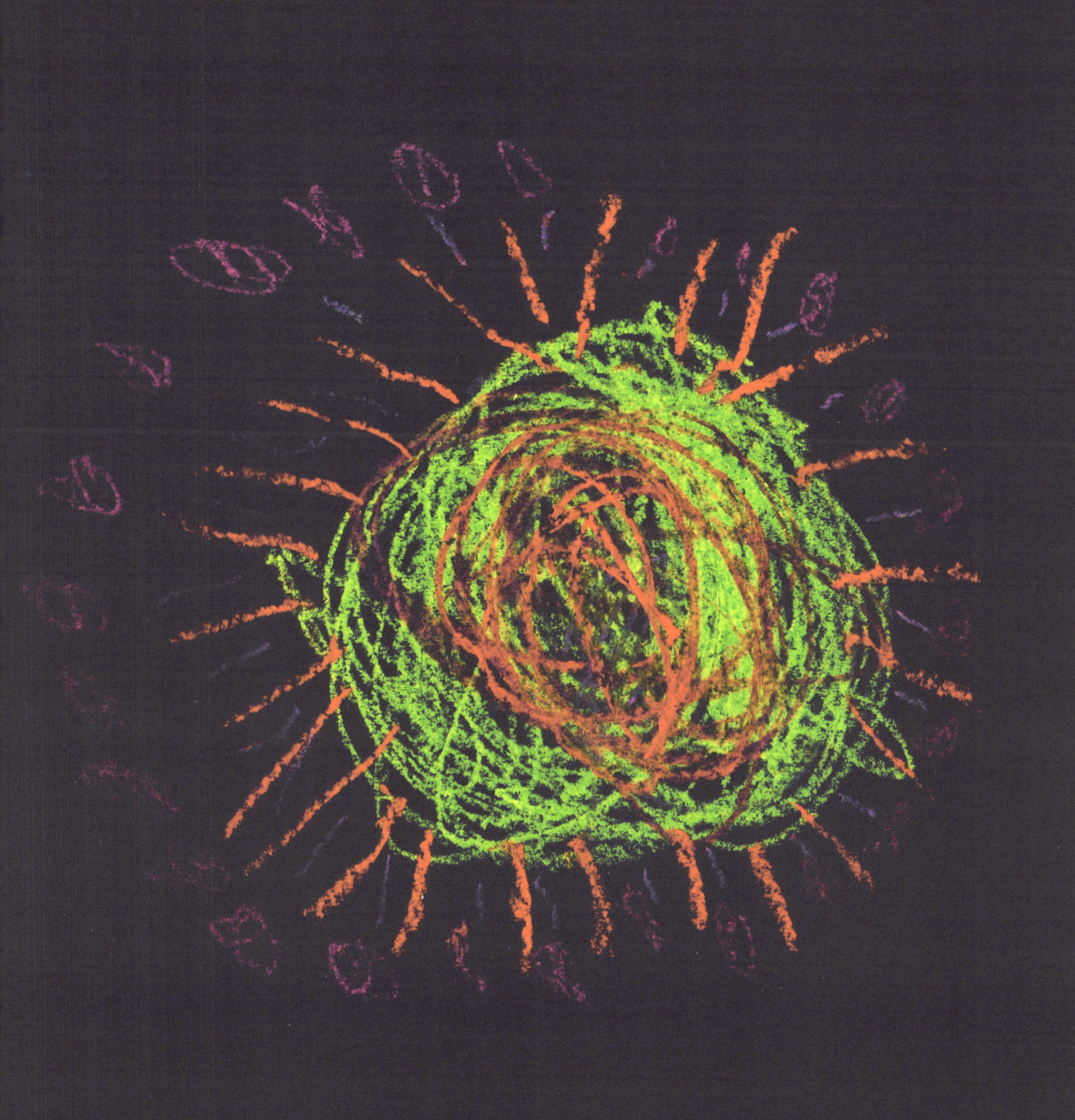

Dann erschuf er einen kleinen weißen Kreis, der ein bisschen so aussah, als hätte er ein „Oh-Gesicht“, vielleicht, weil er über die schöne Erde staunte.

Diesen weißen Kreis nannte Gott Mond.

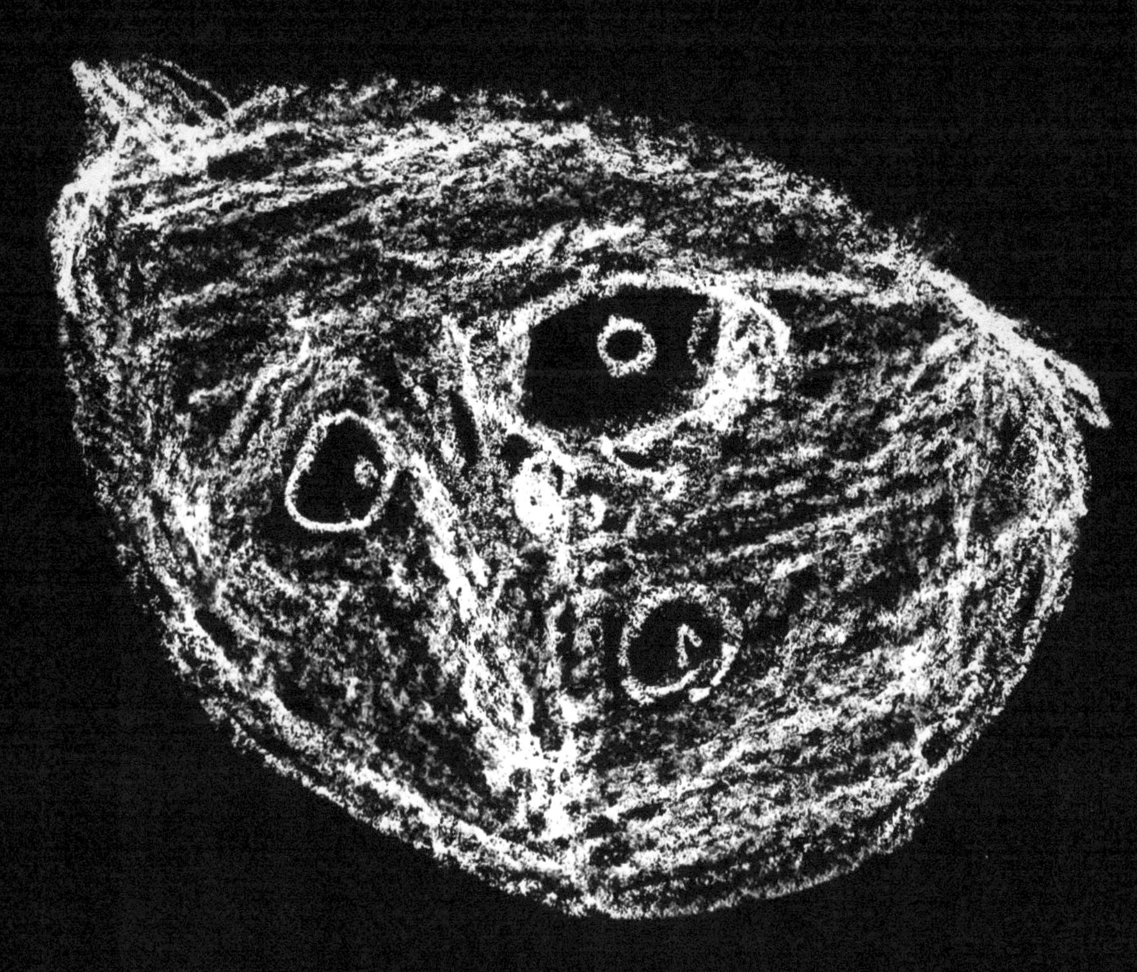

Jeder Kreis bekam seine Aufgabe.
Die Sonne sollte der Erde am Tag Licht geben und der Mond bei Nacht.

Weil die Kreise wirklich richtig toll waren, formte Gott viele verschiedene – nämlich die Sterne und Planeten. Jeder bekam seinen eigenen Platz am Himmel und jeder sah etwas anders aus.

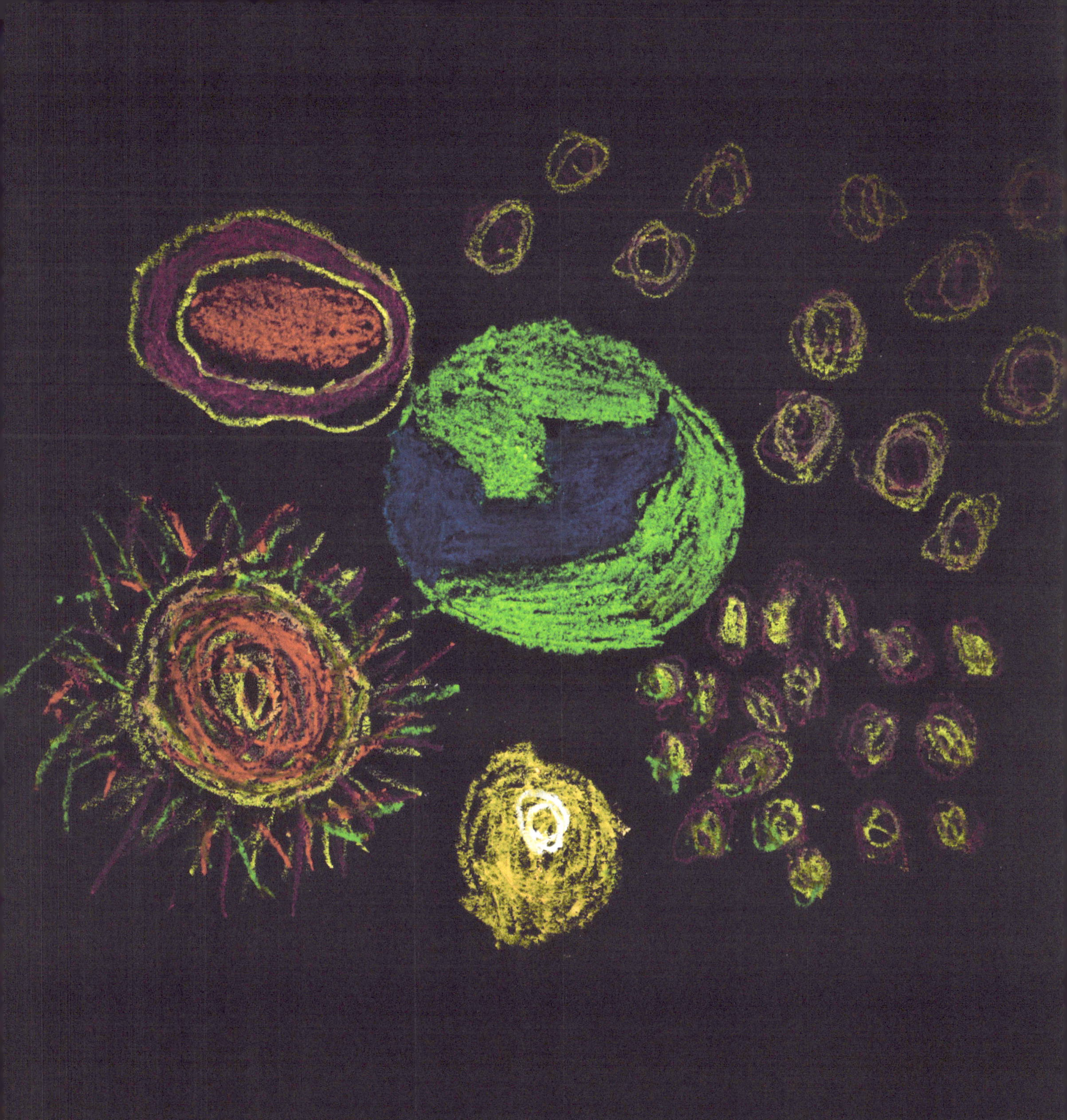

Danach machte sich Gott einen Spaß aus Kreisen und Strichen ...
und erschuf viele verschiedene Tiere, die im Wasser, in der Luft
und im Wald miteinander spielten.

Und dann hatte Gott eine Wahnsinnsidee: Er erschuf uns.

Weil er uns so toll fand und er uns echt klug gemacht hatte,
da wir auch immer sooo viele tolle Ideen haben,
gestaltete er uns alle ganz verschieden.

Damit niemand alleine war, machte Gott immer mehr Menschen ...

… große, kleine und klitzekleine …

... dicke, dünne und so ganz normale ...

... alte, junge und erwachsene ...

gelbe, weiße und braune.

Und wir, die Menschen, dürfen seitdem auf dieser schönen Erde leben.
Eine kunterbunte Erde voller Tiere, Farben, Blumen und Bäumen.

Gott sah immer zu uns hinab.

Zuerst war alles richtig bombenklasse auf der Erde,
aber irgendwann machte der Mensch Quatsch.
Nicht nur kleinen Quatsch, sondern echt bösen Quatsch.

Es gab viel Streit und so dachte Gott:
„Oh Mann, oh Mann, der Mensch braucht Hilfe!“

Gott sagte zu seinem eigenen Sohn: „Rette die Menschen!“
Und sein Sohn tat es. So nahm sein Sohn den Urkreis, die Erde und das Urkreuz und formte daraus eine Leiter zum Himmel.
So kann jeder, der Gott besuchen will, mit ihm reden und für immer bei ihm sein.

Das war die beste Idee, die Gott je hatte!

Das alles hat Gott gemacht, weil er seine kunterbunte Welt und alle Menschen, die darauf leben, so richtig doll lieb hat!

# Über die Entstehung des Buches:

Während einer Fortbildung in Kunsttherapie ist Rabea Funk die Parallele der kindlichen Malentwicklung, die sich vom Urknäuel zum Urkreis zum Urkreuz und dann erst zur gegenständlichen Malerei entwickelt, aufgefallen.

„Es wirkte auf mich wie eine Predigt“, berichtet sie. Die christliche Schöpfungsgeschichte und die kindliche Malentwicklung seien nahezu identisch. Daraus entstand das Buch und es lag praktisch auf der Hand, dass Rabea Funks zwei sehr kreative – sowohl in der impressionistischen, als auch in der expressionistischen Malerei – begabten Kinder die Bilder zu diesem Buch malen sollten.

www.ingramcontent.com/pod-product-compliance
Ingram Content Group UK Ltd.
Pitfield, Milton Keynes, MK11 3LW, UK
UKHW060114300726
14090UKWH00002B/184
* 9 7 8 3 9 6 0 7 4 3 5 0 7 *